DE
L'ARMÉE FRANÇAISE
EN 1836,

PAR

JOACHIM AMBERT,
LIEUTENANT AU 10e DRAGONS.

(Extrait du Spectateur militaire.)

PARIS, 1836.

PARIS. — IMPRIMERIE DE BOURGOGNE ET MARTINET,
rue du Colombier, 30.

DE L'ARMÉE FRANÇAISE
en 1836.

Quatre siècles se sont écoulés depuis que, substituée aux bandes irrégulières, l'armée a reçu une organisation permanente. Fraction constitutive du pays, elle dut, de ce jour, obéir à cette loi première qui soumet chaque partie aux principes qui gouvernent le tout : règle éternelle, et sans laquelle il n'y a, pour les peuples comme pour les individus, que dissolution, que mort.

Rechercher si la direction donnée à l'armée, si son organisation, depuis les temps anciens jusqu'à nos jours, ont été conformes à ce principe, serait nous écarter du but que nous nous proposons : la question d'actualité est la seule que nous voulons examiner et résoudre. La solution est d'autant plus pressante, que, vivant à une époque de transition, cycle toujours confus d'idées fausses, effervescentes, et de théories impraticables, les esprits demeurent difficilement dans des termes de mesure et de rationalité.

Et selon que l'erreur ou le vrai domine, les époques de transition sont des temps d'agonie violente ou de régénération.

Sous quelle dénomination que ce soit, il faut, à ces grandes agglomérations d'hommes, aux nations, un moyen d'ordre et de sécurité qui assure à chacun la libre jouissance de ses droits et de sa propriété; qui donne une garantie d'avenir à toute intelligence qui crée et produit; qui oblige aux devoirs imposés à chacun dans l'intérêt de tous; enfin, et plus encore, qui garantisse l'indépendance nationale; en France, ce moyen se nomme *armée* : application de ce principe si fécond de la division du travail, une fraction du peuple est chargée de veiller à la sécurité de tous.

L'armée vient du peuple et y retourne; elle touche au pays par tous les points; en un mot, elle est nationale.

L'organisation sociale et politique du pays doit donc avoir ses reflets dans l'organisation de l'armée et dans sa direction; les rapports incessants qui les lient exigent le moins de différences possible dans leur législation, leur esprit et leurs mœurs : en principe, l'exception n'est admise que comme nécessité; elle ne peut dominer comme règle première, car elle n'en est que la dérogation précise et formulée. L'exception n'est autre chose que le signe de toute l'infirmité des institutions humaines.

Les modifications apportées à l'organisation sociale et politique du pays depuis 1830 ont dû réagir sur l'armée, qui attendait et attend encore une constitution nouvelle en harmonie avec ses besoins.

Les idées qui, sous l'empire, dominaient l'armée de France, étaient certes moins éloignées du principe sous lequel elle a vécu durant les quinze années de la restauration, que son esprit ne l'est aujourd'hui de cette dernière époque, et cela est facile à concevoir.

Le gouvernement impérial et celui de la branche aînée des Bourbons marchaient dans des voies qui, par des motifs différents, donnent toujours la suprématie à l'homme d'épée.

Avec un système de la nature de celui qui a prévalu

en 1830, l'armée, comme la pairie, comme la royauté, a dû perdre quelque chose de sa position ; elle a dû comprendre les nécessités de son époque, et accepter le rôle moins brillant que de nouvelles mœurs lui préparaient. Ce rôle, cette position nouvelle, elle les a acceptés franchement, sans arrière-pensée, se fiant à l'intelligence du pays pour lui tenir compte de cette complète abnégation.

Il faut le dire, et le dire hautement, l'armée n'a pas mis son épée dans la balance de ses intérêts, et cet exemple, ce n'est pas toujours des autres classes de la grande famille qu'elle l'a reçu.

Mais en marchant dans le nouvel ordre d'idées, en obéissant au principe général dont elles dérivent, l'armée a dû nécessairement s'imprégner de leur nature ; ne pas le voir, ou le voir sans l'apprécier, serait une folie.

La révolution de juillet, avec ses tendances démocratiques, effaça de l'armée les corps qui lui semblèrent présenter une position exceptionnelle et privilégiée : la Garde royale, la maison du roi, disparurent donc, et l'armée reçut une organisation homogène.

Cette application première du principe dominant fut rationnelle. Les traditions, la direction que l'armée avaient reçues de l'empire et de la restauration allaient être graduellement modifiées, on le croyait du moins ; j'oserai même dire qu'on l'espérait, car le principe de juillet avec les conséquences de la restauration étaient l'arrêt de mort de l'armée.

C'est en vain que l'armée a compté sur l'intelligence du pays : ceux qui marchaient à sa tête n'étaient point assez hommes d'État pour comprendre le grand mouvement social dont la révolution de juillet n'était que la traduction.

Il fallait d'habiles mains pour cicatriser la blessure saignante que cette pauvre armée française venait de recevoir, et ce fut un médecin trop craintif peut-être qui fut appelé.

Et cependant jamais époque ne fut plus favorable que la révolution de juillet pour un développement de constitution militaire : la France sortait triomphante et peu blessée d'une lutte gigantesque, et il était aisé, c'était même un devoir sacré, de tourner au progrès le noble orgueil de la victoire; on aurait à cette époque obtenu tout de l'armée; à cette masse si généreuse rien n'aurait coûté.......

Des choix hasardés ont été appelés injustice, et l'injustice est une maladie rongeuse pour laquelle il n'est point de remèdes; et cependant, ce qu'il y a de plus important dans l'armée, c'est le personnel : les mauvais choix font plus de mal que les mauvaises lois. Les masses jugent du pouvoir par ses délégués; c'est en eux qu'elles le personnifient. Si leur capacité est équivoque, s'ils sont sans instruction, sans dévouement, l'opinion compare les titres négatifs qu'on récompense et les hommes capables qu'on oublie; alors les mécontentements fermentent, les passions s'agitent, la confiance s'altère et la considération s'évanouit.

Sous l'empire, comme sous la restauration, l'armée avait été bercée dans des idées de suprématie, parce qu'elle renfermait la partie aristocratique de la nation; mais ces idées de prééminence ne pouvaient se combiner avec les principes de la révolution de 1830, aussi les renversa-t-elle.

Mais en faisant entrer la force organisée dans le mouvement général des esprits, on ne dut pas perdre de vue que, lui enlevant une partie des idées sur lesquelles elle avait vécu jusqu'alors, elle allait nécessairement les remplacer par d'autres, et que celles-ci ne pourraient être que les idées dominantes.

Le pays marchait ve [illegible] les améliorations matérielles; il prenait la fortune pour base des droits et de la position sociale; il tendait, par ses nouvelles mœurs, à réduire de beaucoup la valeur des récompenses honorifiques qui, seules, avaient presque suffi à l'armée, et dont il prenait d'ailleurs pour lui la plus large portion.

L'armée, ne trouvant plus dans ses idées d'autrefois un aliment à son existence d'aujourd'hui, s'inquiétant de voir ses rangs abandonnés, et ne voyant plus, dans sa position actuelle, une compensation aux sacrifices qu'elle faisait au pays, comprit qu'elle aussi, si elle ne voulait être complétement effacée, devait graviter vers les intérêts matériels. Nous ne cherchons pas à apprécier jusqu'à quel point ce nouveau mobile peut conduire aux actions grandes et généreuses, il nous suffit de constater la marche des esprits.

Il serait, au reste, absurde de s'imaginer qu'à une époque toute de calcul, une fraction du peuple pût vivre long-temps d'abnégation et d'entraînement; et quelle fraction? celle qui se couvre de chaînes, se soumet à une existence sans suite, à une vie de brusques et fastidieuses transitions, s'isole de la loi commune, courbe la tête sous un code de fer, et attend à chaque heure un ordre pour mourir, et mourir en souriant à ses maîtres, comme le gladiateur du peuple romain.

A cette énormité de devoirs, à cette croix du martyr, l'armée dût rechercher quelques compensations... Alors elle vit que les mots n'avaient plus de valeur, et qu'il fallait aborder le positif des choses.

Certes, à moins de doter l'armée, par une loi de l'État, des austères vertus des vieilles républiques ou des hommes de la primitive église, il lui eût été difficile de se trouver satisfaite de la part qu'on lui faisait.

La position pécuniaire de l'officier était celle d'un commis aux barrières; le colonel avait à peu près le traitement du receveur particulier des finances; le général, celui d'un directeur des contributions, et le maréchal de France, calculé comme le reste, pouvait, à la rigueur, s'il n'avait pas une famille trop nombreuse, arriver un jour à l'éligibilité.

Il fut cependant impossible à l'armée de se mettre en contact avec cette société qui fermentait autour d'elle : alors elle vit avec terreur sa position stationnaire débordée par l'accroissement progressif des richesses, et l'officier ne put se sauver des émotions cuisantes que jeta dans son âme la marche rapide de l'avenir qui le fuyait et entraînait tout autour de lui.

C'est rendre trop faiblement notre pensée que de dire que l'armée est stationnaire, elle est rétrograde : il ne faut pas, en effet, une bien grande dose d'intelligence pour comprendre que la même quantité de numéraire, ne représentant plus la même valeur, ce que le pays donnait à l'armée, en échange de ce qu'il exigeait d'elle, n'équivaut plus à ce qu'il lui avait antérieurement accordé.

M. Carrion-Nisas, en examinant le budget de la guerre, en 1827, fait quelques observations qui trouvent ici leur place naturelle.

« Sous Charles VII, lorsqu'il fut question, pour la première fois, de donner une solde régulière aux hommes d'armes, on prit pour règle le salaire journalier de l'ouvrier le mieux rétribué; ce fut le garçon orfèvre.

dont la paie était de cinq sols par jour, lesquels représentaient plus de trois francs de notre monnaie actuelle; ainsi la paie du simple soldat, pour trois cent soixante-cinq jours, montait à près de 1,100 francs valeur présente. Sans doute, on lui fait aujourd'hui beaucoup de prestations en nature qu'on ne lui faisait pas alors; cependant on lui fournissait dès lors assez d'objets pour qu'on puisse porter à cette époque le moindre chiffre de l'homme d'armes à 1,200 francs au moins de notre monnaie; et comme, pour nous rapprocher des calculs actuels, il faut faire entrer en ligne de compte les machines de guerre et le gros attirail de tout genre qui ont de tous temps suivi les armées, le casernement, l'ustensile, etc., on jugera aisément que l'homme moyen de la force armée régulière de cette époque ne coûtait pas à l'État moins de 2,000 francs de notre monnaie. »

Les mémoires de Sully nous apprennent que sous le règne de Henri IV, les hommes de guerre entretenus pendant la paix ne passaient guère le nombre de dix mille, et le budget de la guerre, tout compris, montait à douze millions, c'est-à-dire, à trente millions de notre monnaie actuelle; par conséquent l'homme moyen coûtait mille écus d'aujourd'hui; et la solde proprement dite du simple fantassin était de 15 sols par jour; les autres dépenses dont il était l'objet peuvent être regardées comme d'une valeur à peu près égale.

Mais depuis le 17e siècle, depuis peu d'années même, la France, malgré toutes les entraves de nos longues guerres, a triplé l'exportation des produits du sol et quadruplé celle de ses manufactures; les sciences, les arts, les fabriques, le commerce, ont agrandi le cercle des relations, et d'immenses capitaux sont venus refluer sur toutes les parties du corps social.

L'armée, l'armée seule, a tout perdu, position et bien-être matériel.

A la vérité, une idée neuve a surgi tout-à-coup du cerveau de quelques économistes modernes, à savoir que l'armée était une dépense improductive. Le mot, bien qu'étrange, n'explique pas moins à lui seul toute notre époque; il en est l'excessive expression. *Improductive?* Que veut-on dire? L'armée n'est ni un champ, ni une usine, elle ne donne pas un produit direct; mais la digue qui préserve de l'inondation, l'aiguille qui garantit de la foudre, pour être improductives, n'ont-elles pas une valeur de résultat bien au-dessus de ce qu'elles coûtent, et alors les appellerez-vous improductives?

Qu'on y réfléchisse, l'abus dans les mots finit toujours par amener la confusion dans les idées. Un pays qui a mille lieues de frontière de terre et de mer, qui est en contact immédiat avec sept puissances, dont les intérêts ne peuvent être siens; qui, depuis 1792, a vu son territoire devenir moindre et celui des autres s'agrandir, contre lequel s'est organisée une puissante Confédération, et qui veut tenir en Europe le rang d'où dépend son avenir, ce pays-là, disons-nous, ne joue pas avec son organisation militaire, il doit en apprécier toute l'importance.

Comme une espèce de pudeur retient toujours un peu l'homme d'épée lorsqu'il s'agit de parler argent, l'armée laisse échapper sa pensée sous une autre forme; elle se plaint d'un avancement trop lent. Jamais peut-être depuis 1789, si nous en exceptons la grande curée de 1814 à 1816, il n'y eut autant d'âpreté à l'obtention des grades, et pourtant il y a dans l'armée assez de raison pour apprécier les difficultés de l'avancement en temps de paix. Aussi est-ce bien moins la question d'un commandement plus élevé, que la position financière améliorée, qui est en jeu; et le besoin de celle-ci se fait si impérieusement sentir, que, sous telle forme que ce soit, elle se fait jour.

Résumons : l'armée dans nos mœurs actuelles ne jouit pas des avantages de position qu'elle avait autrefois. Comme état, elle n'assure pas à l'homme qui embrasse cette carrière une existence équivalente aux sacrifices qu'il fait; aussi bien est-ce aujourd'hui une carrière désertée; si elle offre encore et malgré tout cela une grande garantie morale, c'est qu'elle vit sur un produit du passé. L'intelligence, la capacité, s'éloigneront d'une profession dont les chances les plus avantageuses ont si peu de valeur réelle, et alors que sera l'armée?

Cette question est vitale, car elle tient aux entrailles de l'homme, tel que de nouveaux besoins l'ont modifié, et à l'avenir du pays.

La direction donnée à l'armée depuis 1830 s'est quelque peu ressentie du mouvement général des esprits; base d'ordre public et de défense territoriale, on l'a considérée en outre comme une vaste école par laquelle devait passer le plus grand nombre d'hommes possible, et d'où ces mêmes hommes sortiraient avec une intelligence développée, et une couleur de localité moins marquée, moins Provençaux, moins Bretons, mais plus Français; la durée légale du service a été fixée à sept ans, dont cinq tout au plus se passent sous les drapeaux. La loi du recrutement, si elle avait été plus sévère pour le remplacement, dont les abus vicient l'armée, laisserait beaucoup moins à désirer. On a fait des essais sur l'emploi de l'infanterie aux grands travaux, et l'engouement des uns et la répugnance des autres pour cette direction physique prouvent, je crois, que ces essais ne sont point jugés sans appel.

Mais il était une question majeure que peu de chefs ont osé aborder et que beaucoup n'ont pas voulu comprendre, à savoir si on rejetterait franchement les nombreux détails, inutiles, fastidieux, tracassiers, dans lesquels vingt années de paix ont noyé l'armée, et qui tenait à un certain système de la restauration; en d'autres termes, si on éloignerait tout ce qui n'aboutit pas au développement de l'instruction militaire proprement dite, de l'aptitude, de l'ordre intérieur et des facultés intellectuelles. Il était temps cependant d'en finir avec ce système que quelques médiocrités de tous les régimes ont importé dans l'armée depuis 1816, et qui a tué plus de capacités que le canon de l'ennemi; on se demandait si à une époque toute d'analyse rationnelle, on continuerait pour l'armée un système qui l'absorbe et lui enlève une certaine somme de qualités nécessaires à la guerre.

Quelques militaires haut placés, répondant à un besoin qu'ils sentaient de reste, et pour atténuer les effets désastreux de la plaie que nous signalons, demandaient une plus grande extension des camps de manœuvres, seule école de guerre en temps de paix; le désir de ceux-ci, les espérances de ceux-là, sont restés sans réponses. Le caporalisme l'a emporté, les décomposeurs de pas oblique, les astiqueurs de gibernes ont vaincu les hommes stratégiques et refoulé l'intelligence militaire.

Le personnel de l'armée dans les grades élevés n'avait peut-être pas l'homogénéité nécessaire pour amener ces résultats; il s'en fallait de beaucoup que ses colonels et ses généraux comprissent de même la question de l'*armée* à l'époque où nous vivons; tous étaient dignes de nos respects, par de brillants et utiles antécédents, mais les écoles où ils avaient puisé leurs doctrines avaient dû leur imprimer un caractère que l'âge et de vieilles habitudes ne permettaient plus de modifier, et selon que les fractions de l'armée passaient sous les yeux, sous le commandement d'hommes de ces divers écoles, le blâme et la louange ne tombaient pas toujours uniformément. Les réglements militaires doivent être sans doute la mesure du chef comme du soldat, mais les mœurs sont autrement puissantes que les lois, et des idées de trente ou quarante ans ne se ploient pas en un jour, ne se modifient pas à volonté. Grand nombre de ces chefs avaient vu leur vaillante épée brisée à la restauration, et seize ans de bourgeoisie les avaient rendus étrangers aux mœurs militaires nouvelles; pleins d'énergie à l'époque où l'injustice les frappa, ils revenaient au moment où, sans cette injustice, ils eussent senti le besoin du repos, et l'auraient eux-mêmes demandé. D'autres, braves sans doute, mais que l'empire eût toujours tenus dans les grades subalternes, bénéficiant d'une ancienneté qui pouvait bien les pousser aux emplois supérieurs, mais non leur en donner l'esprit, apportaient dans leur haute et nouvelle position le même caractère de minutieux détails et de petites appréciations qui les avaient fait distinguer comme sergents. Ceux-là aussi faisaient école, les imitateurs n'ont pas manqué; l'intérêt personnel n'était-il pas là pour en fournir? Les hommes préjugeront toujours avantageusement ceux qui suivent la ligne qu'ils auront indiquée.

A cette école un reproche grave, sévère, car elle a conduit à la dépréciation des grades; elle a doublement accru le malaise des positions en les rendant inférieures à ce qu'elles devraient être; elle n'a pas compris qu'elle poussait les esprits à vouloir en sortir, et le point d'arrêt, pour l'immense majorité des officiers, le grade de capitaine, avec l'application des mesquines théories, n'a plus été regardé comme position de toute une carrière.

Le mal que les colonels-caporaux ont fait à l'armée, et par suite au pays, est immense.

C'est à nos nouvelles mœurs, à la part aujourd'hui plus large de l'intelligence dans les affaires publiques, à l'instruction plus généralement répandue, qu'il appartient de fermer cette fausse voie, ouverte et frayée par des hommes dont la capacité et le discernement n'étaient pas à la hauteur de leur position.

La législation militaire telle qu'elle est encore aujourd'hui est si imparfaite, si peu en harmonie avec notre époque, la nécessité de lois autres tellement et si généralement sentie, qu'il serait inutile d'entrer à ce sujet dans de longs développements. Bornons-nous à faire des vœux pour que le gouvernement du roi puisse bientôt donner à l'armée un Code plus approprié à ses nouveaux besoins.

Mais on ne peut s'empêcher de déplorer que les législatures qui se sont succédées depuis 1830 n'aient pu donner quelques instants à la refonte du Code pénal militaire, monstrueux assemblage des nécessités de tous les régimes depuis cinquante ans. Ne sait-on pas que la loi, que le juge n'ose plus appliquer, est une atteinte au respect dû à la justice; en vain, dira-t-on au juge : renfermez-vous dans l'appréciation du fait; toujours dans son for intérieur il se demandera si la peine est proportionnée au délit; ne pouvant refaire les hommes, il faut réviser les lois; les palliatifs qu'on apporterait à cet état de choses ne remédieraient à rien et ne donneraient que de tristes résultats.

A cette question de pénalité nouvelle s'en rattache une autre du plus haut intérêt, celle de la discipline dans l'armée. Quels juges appliqueront la loi qui punit d'un an de prison et de l'incapacité de pouvoir jamais servir, l'homme qui se rend coupable de désobéissance? et l'un des plus grands délits que puisse commettre le soldat reste impuni, ou n'est réprimé que disciplinairement, pour ne pas ouvrir une issue aux volontés mauvaises ou à d'infâmes calculs. A cet exemple nous en pourrions joindre vingt autres d'un ordre différent; mais, convaincu qu'une législation nouvelle sera, de toutes les questions que nous venons de traiter, la première vidée, nous n'éprouvons pas le besoin d'en parler plus longuement. Cette question est mûre pour le pays comme pour l'armée.

Mais ce que le pays et l'armée ne comprennent pas encore, c'est le vice de notre système d'avancement, système de bon plaisir, mine intarissable de démoralisation.

Légalement parlant, il est deux tours d'avancement, l'ancienneté et le choix : le premier de ces deux moyens est la seule ressource de l'immense majorité, je ne dis pas des officiers ordinaires, mais des officiers les plus distingués; *et le choix*, que la raison publique a nommé *faveur*, se fixe presque toujours sur l'intrigant et le protégé.

Ceci est facile à expliquer : les inspecteurs-généraux et les chefs de corps proposent annuellement au ministère plusieurs officiers pour l'avancement au tour du choix ; si nous admettons que parmi ces officiers les deux tiers soient les meilleurs et les plus dignes, on nous accordera bien que le dernier tiers se compose de fils, neveux, parents ou alliés d'hommes en crédit, qui emploient leur influence pour faire glisser un nom sur un mémoire de proposition.

Une fois établis au nombre des bons, les protégés volent à Paris, assiégent les bureaux, vont et viennent flanqués de généraux et de députés, et dès qu'un emploi est vacant ils [illegible]cent tous ceux qui peuvent en disposer, et, de guerre lasse, on leur jette un grade, que le mérite modeste attend vainement.

Tout cela est dans l'ordre ; et il faudrait que tous les agents du ministère fussent plus que des hommes pour résister aux obsessions des notabilités politiques et militaires, et pour aller chercher dans la solitude de quelque garnison éloignée, le candidat muet qui n'ose même se plaindre ; les sept sages de la Grèce deviendraient injustes sous l'influence d'une rapace députation, qui fait disparaître les services rendus au pays devant des considérations personnelles.

Ce ne sont donc pas les hommes qu'il faut accuser, mais les institutions.

Ces dernières, nous pouvons, nous devons même les modifier, si l'avenir de l'armée est quelque chose pour nous.

Le *concours*, concours public, sévère, à programme large, doit être la seule mesure de la capacité.

Des conditions peuvent être établies, et dès qu'une

place au choix est vacante, on examine les candidats et le meilleur obtient la préférence.

Ce système trouvera de l'opposition, et l'impossibilité prétendue de l'exécution sera surtout présentée.

Il est étrange, ma foi, qu'un conseil destiné à punir soit facile à composer, et qu'un conseil destiné à récompenser soit impossible.

Ainsi, pour réprimer les écarts d'un officier, on réunissait, d'après l'ordonnance du 2 novembre 1833, un *conseil de division*, qui se composait, pour juger un colonel, de l'officier-général commandant la division, président; des trois maréchaux-de-camp et des trois colonels les plus anciens de la division.

Pour les autres officiers supérieurs, de l'officier-général commandant la division, président; du maréchal-de-camp, du colonel, de deux lieutenants-colonels, et des deux chefs de bataillon ou d'escadron les plus anciens de la division.

Pour les officiers-inférieurs, du maréchal-de-camp commandant la brigade ou la subdivision, président; du colonel, du lieutenant-colonel, des deux chefs de bataillon ou d'escadron, et des deux capitaines les plus anciens de la garnison ou, à défaut, des garnisons voisines.

Voilà donc des hommes d'honneur réunis en famille pour décider si un membre ne s'est point rendu coupable de félonie; les antécédents du prévenu sont interrogés, ses faits et gestes sont examinés scrupuleusement, et c'est un jugement religieusement élaboré par des hommes d'élite qui précède toujours le jugement du ministre.

Pourquoi des conseils à l'instar des conseils de

répression, ne se réuniraient-ils pas pour juger la capacité et désigner au ministre le sujet le plus digne?

Des généraux, des colonels de corps étrangers, des officiers de l'artillerie, du génie ou de l'état-major, des membres du corps de l'intendance, consulteraient le passé des candidats, péseraient la quantité et la qualité des services, feraient subir un examen oral, suivraient sur le terrain de manœuvres et dans la salle de théories, les officiers qui se présenteraient; tout cela serait public, et le jugement de ce jury transmis au ministère.

Un jour l'armée française sera ainsi régie, car l'armée voudra, comme les sciences médicales, comme le professorat, comme tout ce qui exige instruction, avoir ses garanties et recueillir le fruit de ses travaux.

Quant aux autres propositions, nous en résumerons ainsi les termes; l'armée est encore aujourd'hui et pour long-temps peut-être une grande et première nécessité, car elle constitue la sûreté de tous les intérêts, elle doit donner cette haute garantie morale qu'on ne peut attendre que d'une position convenable dans l'état social; et cette position, si l'officier n'a pas la possibilité de la soutenir, baissera nécessairement et avec elle la garantie. Ces deux questions se lient intimement, et l'une sera toujours la mesure de l'autre; l'erreur serait de conclure ce qui doit être de ce qui a été; les termes ne sont pas les mêmes : à de nouvelles mœurs, des besoins nouveaux; on ne trie pas les conséquences d'un principe, il faut les admettre toutes, car elles sont les racines qui lui donnent vie et durée.

A l'armée donc, et dans l'intérêt du pays, non une aisance que le pays ne lui doit pas, mais le nécessaire qui lui est dû; une organisation forte et rationnelle;

réduction des rangs selon les besoins, sans toucher aux cadres, nécessité de tous les instants; forte éducation militaire d'abord, puis écoles d'enseignements à divers degrés; abandon, éternel abandon de ces minutieux détails, qui absorbent sans le moindre résultat avantageux l'officier et le soldat, et rapetissent toutes les facultés; concours public pour l'obtention des grades, car ce qu'on appelle *choix* est une dérision; nul égard à l'ancienneté pour les emplois supérieurs, lorsque l'ancienneté est le seul titre à l'avancement; le chef qui n'a pas l'esprit de discernement, une haute moralité et le don de l'appréciation des hommes et des choses, fût-il d'ailleurs le plus intrépide de l'armée, ne peut, à l'époque où nous vivons, remplir les conditions de commandement; enfin, autant que possible, roulement alternatif des divers corps de l'armée, dans les camps de manœuvre, ou grandes réunions de troupes.

Ces vœux, nous l'espérons, seront entendus; ce n'est pas en France qu'il faut désespérer de voir comprendre un jour la grande question militaire. Il y a réaction depuis quelques années contre l'extension exorbitante qu'avait prise cette question, et surtout contre les conséquences financières; mais, on le sait, les époques de réactions sont toujours des temps d'injustice et de passions; avec le calme, la raison.

JOACHIM AMBERT, lieutenant au 10e dragons.

www.ingramcontent.com/pod-product-compliance
Ingram Content Group UK Ltd.
Pitfield, Milton Keynes, MK11 3LW, UK
UKHW020232200726
13856UKWH00004B/1716

9 782011 941282